HAVING FUN WITH FR
Conversational French for Elementary Schoo
By ELIZABETH RAMSAY-VERZARIU

ANSWER KEY—PULL TO REMOVE

TABLE OF CONTENTS

Page 3. Who Are You?
student's name; un garçon/une jeune fille

Page 5. Who Are They?
enfants; soeur; amusante; frère; amusant

Page 7. Let's Look for the Words!
1. ils sont
2. la mère
3. les parents
4. le père
5. je suis

```
x l b l s w p i o i
z a n a m l a l t e
d m f m e u o s j s
l e p e r e v s m u
m r e c u v o o c i
l e s p a r e n t s
s g l e r o p t i a
```

Page 8. Review
m'appelle; Je; soeur; un; amusant; sont; est; le; enfants

Page 11. What Is This?
un tableau; un crayon; un cahier; un livre; un stylo; bravo!

Page 13. Yes or No?
Oui, Non; Non; Oui; Oui; Non; Oui; Oui

Page 15. Crossword Puzzle

```
 g r a n d
       m       J a i
       u     J     v
     i l s a p p e l l e
       a         i     c
       n         o
 i l e s t       u n c h i e n
                 e
```

Page 17. True or False?
1. Vrai; 2. Faux; 3. Faux; 4. Vrai; 5. Vrai; 6. Faux

Page 18. Yes or No?
un; deux; trois; quatre; cinq; six

Page 19. Yes or No?
1. Non; 2. Oui; 3. Oui; 4. Non; 5. Oui; 6. Non

Page 21. Review
A: 1. *Paul*; 2. *Sylvie*; 3. *Nestor*; 4. *Felix*;

B: (2 + 4) six; (10 − 5) cinq; (8 − 6) deux; (11 − 7) quatre; (2 + 1) trois; (10 − 9) un

Page 23. What Color Is the Animal?
Answers will vary.

Page 25. What Is Your House Like?
Possible answers: (student's surname); grande; blanche, marron; quatre; petites.

Page 26. Let's Count Vegetables!
sept; huit; neuf; dix; onze; douze

Page 27. Let's Count Vegetables!
1. sept; 2. onze; 3. neuf; 4. dix; 5. douze; 6. huit

Page 28. Review
Possible answers: 1. C'est une tomate rouge; 2. Ce ne sont pas des chiens noirs. 3. Ce n'est pas une maison blanche. 4. Voici une pomme verte. 5. Ce sont des chats gris.

Page 31. How Are You?
Ça va très bien; Ça va mal; Ça va bien; Ça va très mal; Answers will vary.

Page 33. What Day Is It Today?
1. lundi; 2. mardi; 3. mercredi; 4. jeudi; 5. vendredi; 6. samedi; 7. dimanche;

Answer will depend on the day of the week; mardi, vendredi, samedi.

Page 35. What Are They Saying?

J'ai dix ans.	Aujourd'hui c'est mardi.
Bon anniversaire!	Il y a sept jours dans une semaine.

Page 36. Review

Quel âge as-tu? — J'ai onze ans; Ça va, Paul? — Oui, ça va; Miaou! — Ouah! Ouah!; Qu'est-ce que c'est? — C'est un cadeau pour Sylvie; Quel jour est-ce aujourd'hui? — C'est jeudi

Page 39. What Are They Wearing?

Faux	Vrai
Vrai	Vrai
Vrai	Faux

Page 41. What's the Weather Like?

Possible answers:

Il fait chaud.	Il fait frais.
Il fait du soleil.	Il pleut.
Il fait beau.	Il fait du vent.

Il fait beau.	Il fait du vent.
Il fait chaud.	Il fait froid.
Il fait du soleil.	Il fait frais.

Page 42. Review

taif — fait; uaeb — beau; atnuaem — manteau; ttsobe — bottes; plteu — pleut

pleut; manteau; bottes; beau; fait

Noms de garçons, Noms de filles

Boys' Names, Girls' Names

Noms de filles
(Girls' names)

Noms de garçons
(Boys' names)

Agnès	Jeanne	Adam	Louis
Alice	Judith	Alain	Luc
Andrée	Julie	Albert	Marc
Anne-Marie	Laure	André	Marcel
Béatrice	Louise	Bernard	Martin
Brigitte	Marguerite	Charles	Mathieu
Caroline	Marie	Christian	Michel
Catherine	Marthe	Christophe	Nicolas
Cécile	Michèle	Claude	Patrick
Chantal	Monique	Daniel	Paul
Charlotte	Nathalie	David	Philippe
Christine	Nicole	Denis	Pierre
Claire	Patricia	Édouard	Raoul
Danièle	Pauline	Étienne	Raphael
Denise	Rachel	François	Raymond
Diane	Renée	Georges	Richard
Dominique	Sara	Grégoire	Robert
Élisabeth	Sophie	Guillaume	Roger
Émilie	Suzanne	Henri	Samuel
Françoise	Sylvie	Jacques	Simon
Geneviève	Thérèse	Jean	Thomas
Hélène	Virginie	Joseph	Vincent
Jacqueline	Yvette	Laurent	Yves

Vocabulaire — Vocabulary
Bonjour — Good morning
Je m'appelle — My name is
Je suis — I am
une jeune fille — a girl
un garçon — a boy

Qui es-tu?   **Who Are You?**

Introduce yourself in French by completing the sentences below. Draw a picture of yourself below the sentences.

Bonjour!

Je m'appelle _____.

Je suis _____.

Qui sont-ils?

Who Are They?

Voici Sylvie et Paul.

Sylvie et Paul sont des enfants français.

Sylvie est la soeur de Paul.
Elle est amusante.

Paul est le frère de Sylvie.
Il est amusant aussi.

Vocabulaire

Voici — Here are, here is
Sylvie et Paul sont — Sylvie and Paul are
des enfants français — French children
Sylvie est — Sylvie is
la soeur — the sister
de — of

elle est — she is
amusant(e) — funny
Paul est — Paul is
le frère — the brother
il est — he is
aussi — too

Qui sont-ils?   **Who Are They?**

Can you complete the five sentences with the correct French word? The words are given at the bottom of the page.

1. Sylvie et Paul sont des _____français.

2. Sylvie est la _____de Paul.

3. Elle est _____.

4. Paul est le _____de Sylvie.

5. Il est _____aussi.

frère	enfants	amusante
amusant		soeur

Cherchons les mots!

Voici Claire et Louis Richard,
les parents de Sylvie et Paul.
Sylvie et Paul sont leurs enfants.

Vocabulaire
la mère — the mother
le père — the father
les parents — the parents
leurs enfants — their children

Cherchons les mots!   **Let's Look for the Words!**

Can you write these words in French and find them on the puzzle?
(Hint: The words are written across and down.)

1. they are

_____

2. the mother

_____

x	l	b	l	s	w	p	i	o	j
z	a	n	a	m	l	a	l	t	e
d	m	f	m	e	u	o	s	j	s
l	e	p	e	r	e	v	s	m	u
m	r	e	c	u	v	o	o	c	i
l	e	s	p	a	r	e	n	t	s
s	g	l	e	r	o	p	t	i	a

3. the parents

_____

4. the father

_____

5. I am

_____

le père	la mère	les parents
je suis		ils sont

Révision   **Review**

Can you complete each sentence in French? Choose from the words at the bottom of the page.

Bonjour!

Je ____'_____ Sylvie.

_____ suis une jeune fille.

Je suis la _____de Paul.

Voici Paul.

Paul est _____ garçon.

Paul est _____.

Claire et Louis Richard _____les parents de Sylvie et Paul.

Claire Richard _____la mère.

Louis Richard est _____ père.

Paul et Sylvie sont leurs _____.

est	le	enfants	un	soeur
amusant	Je	m'appelle		sont

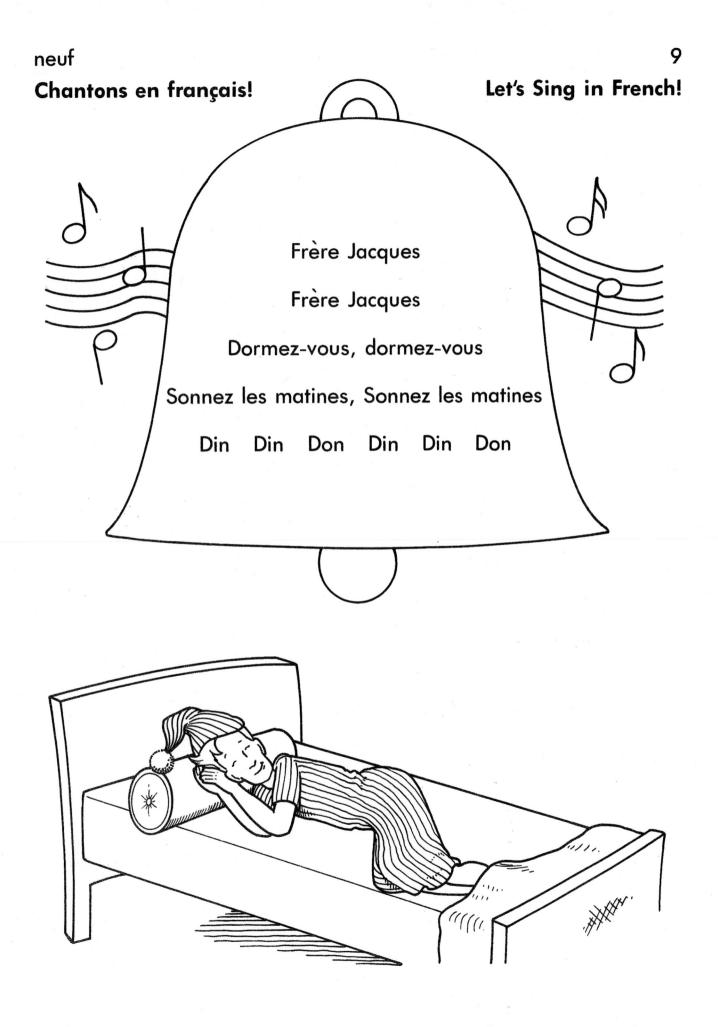

Frère Jacques

Frère Jacques

Dormez-vous, dormez-vous

Sonnez les matines, Sonnez les matines

Din   Din   Don   Din   Din   Don

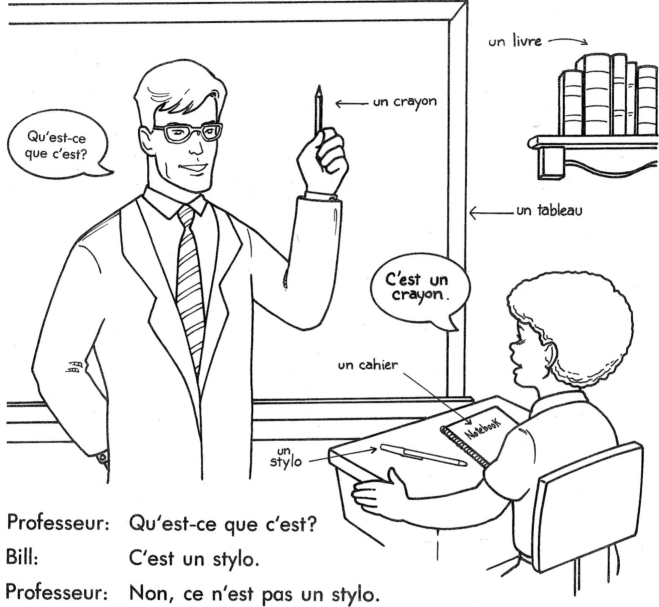

Professeur: Qu'est-ce que c'est?

Bill: C'est un stylo.

Professeur: Non, ce n'est pas un stylo.

Bill: Ah! C'est un crayon.

Professeur: Bravo! Bill. C'est un crayon.

Vocabulaire

Qu'est-ce que c'est? — What is this?

c'est — it is

ce n'est pas — it isn't

Bravo! — Well done!

Qu'est-ce que c'est?   **What Is This?**

Write the French word in the squares. The letters in the circles spell a mystery word. Write the mystery word at the bottom of the page.

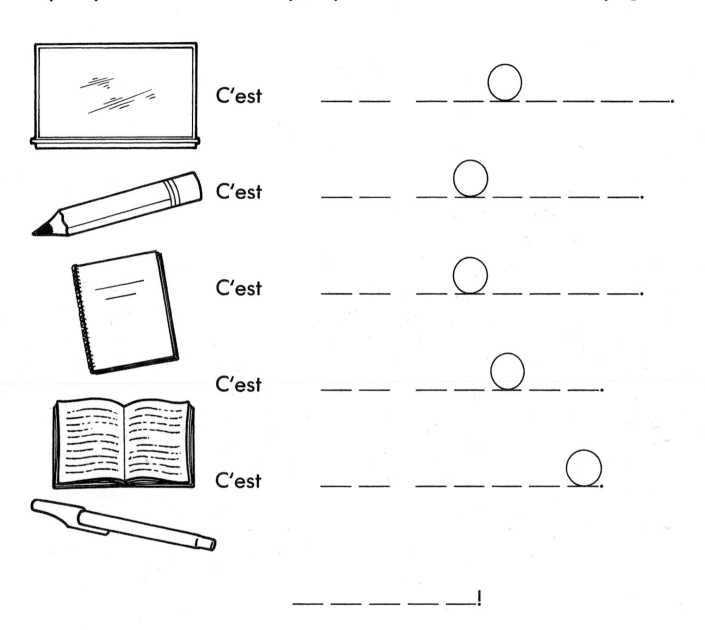

C'est ___ ___ ___   ___ ___ ◯ ___ ___ ___ ___ .

C'est ___ ___ ___ ◯ ___ ___ .

C'est ___ ___ ___ ◯ ___ ___ .

C'est ___ ___ ___ ◯ ___ .

C'est ___ ___ ___   ___ ___ ___ ◯ .

___ ___ ___ ___ ___ !

un cahier	un crayon	un tableau
un livre		un stylo

Professeur: Est-ce que ce sont des crayons, Sally?
Sally: Non, ce ne sont pas des crayons.
Ce sont des règles.
Professeur: Très bien, Sally.

Vocabulaire

est-ce que ce sont . . .? — are these . . .?

ce sont — these are

ce ne sont pas — these aren't

très bien — very good

Oui ou Non?   Yes or No?

Look at each picture. If the sentence to the right describes the picture, circle **Oui**. If the sentence does not describe the picture, circle **Non**.

Ce sont des crayons.   Oui   Non

Ce sont des gommes.   Oui   Non

Ce ne sont pas des règles.   Oui   Non

Ce sont des chaises.   Oui   Non

Ce sont des livres.   Oui   Non

Ce sont des chaises.   Oui   Non

Ce sont des pupitres.   Oui   Non

Ce ne sont pas des stylos.   Oui   Non

> J'ai un chien.
>
> Il s'appelle Nestor.
>
> Il est grand.
>
> Il est amusant.
>
> Je joue avec mon chien.

Paul a un chien.

As-tu un chien?

> Ouah!
> Ouah!

Vocabulaire

j'ai — I have

un chien — a dog

il s'appelle — his name is

grand — large

je joue — I play

avec — with

mon chien — my dog

Paul a — Paul has

As-tu . . .? — Do you have . . .?

Les mots croisés　　　　　　　　　　　Crossword Puzzle

Write the French words in the squares to solve the puzzle. Some letters are given for you.

across

1. large
3. I have
6. his name is
7. he is
8. a dog

down

2. funny
4. with
5. I play

J'ai un chat.
Il s'appelle Félix.
Félix n'est pas grand.
Il est petit et amusant.
J'aime beaucoup mon chat.

Voilà Sylvie.
Sylvie n'a pas de chien.
Sylvie a un chat.
As-tu un chat?

Vocabulaire
un chat — a cat
Félix n'est pas — Felix isn't
j'aime beaucoup — I really like
voilà — there is, there are
Sylvie n'a pas — Sylvie doesn't have

Vrai ou Faux? **True or False?**

If the sentence describes the picture, mark Vrai. If the sentence does not describe the picture, mark Faux.

Vrai Faux

1. Sylvie a un chat. ☐ ☐

2. Paul n'a pas de chien. ☐ ☐

3. Le chien s'appelle Félix. ☐ ☐

4. Le chat s'appelle Félix. ☐ ☐

5. Le chien est petit. ☐ ☐

6. Paul ne joue pas avec Nestor. ☐ ☐

Oui ou Non?

Write the number in French on the blank line.

un garçon

Voilà _____ garçon.

deux fenêtres

Voilà _____ fenêtres.

trois jeunes filles

Voilà _____ jeunes filles.

quatre chiens

Voilà _____ chiens.

cinq autos

Voilà _____ autos.

six enfants

Voilà _____ enfants.

Oui ou Non?   **Yes or No?**

If the sentence describes the picture, mark Oui. If the sentence does not describe the picture, mark Non. Rewrite any false sentences to make them true.

Oui Non

1. Voilà cinq crayons.   ☐   ☐

_____

2. Voilà quatre livres.   ☐   ☐

_____

3. Voilà six stylos.   ☐   ☐

_____

4. Voilà trois cahiers.   ☐   ☐

_____

5. Voilà une gomme.   ☐   ☐

_____

6. Voilà quatre chaises.   ☐   ☐

_____

La famille Richard

Il y a quatre personnes dans la famille Richard. Claire Richard

 est la mère. Louis Richard  est le père.

Sylvie et Paul sont les enfants.

Paul a un chien . Il s'appelle Nestor. Nestor est grand

et amusant. Paul joue avec Nestor.

Sylvie a un chat . Il s'appelle Félix. Félix est petit et

amusant. Sylvie aime beaucoup son chat.

Vocabulaire

il y a — there are
personnes — people
la famille Richard — the Richard family
son chat — her cat

A. Qui parle?   Who is speaking?

Write your answer on the blank line.

1. J'ai un chien.

   Je joue avec mon chien.

   Je suis _____.

2. J'ai un chat.

   J'aime beaucoup mon chat.

   Je suis _____.

3. Je suis un chien.

   Je suis grand et amusant.

   Je suis _____.

4. Je suis un chat.

   Je suis petit et amusant.

   Je suis _____.

B. Le calcul   Arithmetic

Write the number in French on the line.

$2 + 4 =$ _____ $11 - 7 =$ _____

$10 - 5 =$ _____ $2 + 1 =$ _____

$8 - 6 =$ _____ $10 - 9 =$ _____

De quelle couleur est l'animal?   What Color Is the Animal?

bleu

vert   blanc

jaune   gris

orange   marron

rouge   noir

Color Nestor and his house according to the description given in the sentences.

Voici la maison de Nestor.
La maison est rouge.

Voici Nestor.
Il est marron et blanc.

Vocabulaire

rouge — red	blanc(he) — white
orange — orange	gris(e) — gray
jaune — yellow	marron — brown
vert(e) — green	noir(e) — black
bleu(e) — blue	

De quelle couleur est l'animal?   What Color Is the Animal?

Color each picture. Write the French word for the color on the blank line.

Le chien est _____.

Le chat est _____.

L éléphant est _____.

Le cheval est _____.

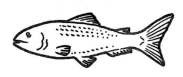

Le poisson est _____.   L'oiseau est _____.

Vocabulaire

l'éléphant — the elephant
le cheval — the horse
le poisson — the fish
l'oiseau — the bird

Comment est ta maison?   **What Is Your House Like?**

Color the house according to the description given in the sentences.

Voici la maison de la famille Richard.
C'est une très jolie maison.
Elle est jaune.

Il y a une porte dans la maison.
La porte est grande et marron.
Il y a quatre fenêtres dans la maison.
Les fenêtres sont petites.

Vocabulaire

la maison — the house   la porte — the door
très jolie — very pretty   les fenêtres — the windows

Comment est ta maison?   **What Is Your House Like?**

Draw and color a picture of your house. Complete the sentences below to describe your house.

Voici la maison de la famille _____.

C'est une très _____maison.

La maison est _____.

La porte est _____.

Il y a _____fenêtres dans la maison.

Les fenêtres sont _____.

Comptons des légumes!   **Let's Count Vegetables!**

Write the numbers in French on the blank lines.

sept bananes   Voilà _____ bananes.

huit oranges   Voilà _____ oranges.

neuf poires   Voilà _____ poires.

dix pommes   Voilà _____ pommes.

onze fraises   Voilà _____ fraises.

douze cerises   Voilà _____ cerises.

Vocabulaire
bananes — bananas   pommes — apples
oranges — oranges   fraises — strawberries
poires — pears   cerises — cherries

Comptons des légumes!   **Let's Count Vegetables!**

Write the French words for the number of vegetables you count.

1. Voilà _____ carottes.   4. Voilà _____ petits pois.

2. Voilà _____ tomates.   5. Voilà _____ haricots verts.

3. Voilà _____ choux.   6. Voilà _____ pommes de terre.

Vocabulaire

carottes — carrots   petits pois — peas
tomates — tomatoes   haricots verts — string beans
choux — cabbages   pommes de terre — potatoes

Révision   **Review**

Choose words from each box to write five sentences. Draw and color a picture to illustrate each sentence.

C'est
Ce ne sont pas
Ce n'est pas
Voici
Ce sont

une maison blanche
des chiens noirs
une pomme verte
une tomate rouge
des chats gris

1. _____   2. _____

3. _____   4. _____

5. _____

Chantons en français!   **Let's Sing in French!**

AU CLAIR DE LA LUNE

Au clair de la lune,
mon ami Pierrot
Prête-moi ta plume
pour écrire un mot.
Ma chandelle est morte,
je n'ai pas de feu.
Ouvre-moi ta porte,
pour l'amour de Dieu.

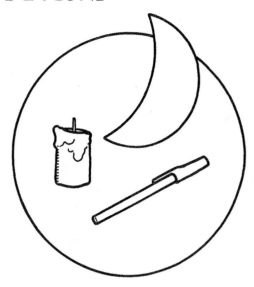

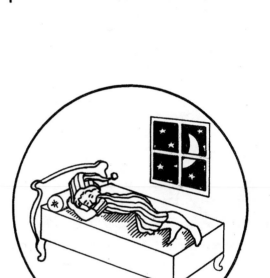

Au clair de la lune.
Pierrot répondit:
Je n'ai pas de plume,
Je suis dans mon lit.
Va chez la voisine,
Je crois qu'elle y est,
Car, dans sa cuisine,
On bat le briquet.

Au clair de la lune,
On n'y voit qu'un peu.
On chercha la plume.
On chercha le feu.
En cherchant de la sorte,
Je ne sais ce qu'on trouva.
Mais je sais que la porte,
Sur eux se ferma.

Voici les amis de Paul et Sylvie.

Ils s'appellent Henri et Anne.

Ils sont sympathiques.

Paul et Sylvie aiment jouer avec leurs amis.

Vocabulaire

Salut! — Hi!

Ça va? — How are you?

Ça va (bien), merci.

— Fine, thanks.

Ça va mal. — I'm not well.

les amis — the friends

ils s'appellent — their names are

ils sont — they are

sympathiques — nice

Paul et Sylvie aiment jouer.

— Paul and Sylvie like to play.

Ça va?   **How Are You?**

Mark an X next to the response each person is most likely to make.

Ça va, Paul?

_____ Ça va très bien.
_____ Ça va très mal.
_____ Ça va mal.

Ça va, Anne?

_____ Ça va bien.
_____ Ça va mal.
_____ Ça va très bien.

Ça va, Henri?

_____ Ça va bien.
_____ Ça va très mal.
_____ Ça va mal.

Ça va, Sylvie?

_____ Ça va très bien.
_____ Ça va bien.
_____ Ça va très mal.

Draw a picture of yourself and answer the question.

Et toi? Ça va? _____

Quel jour est-ce oujourd'hui?   **What Day Is It Today?**

Voici Sylvie et Anne en classe.

Combien de jours est-ce qu'il y a dans une semaine?

Professeur: Combien de jours est-ce qu'il y a dans une semaine?
Sylvie: Il y a sept jours dans une semaine: lundi, mardi,
              mercredi, jeudi, vendredi, samedi et dimanche.
Professeur: Quel jour est-ce aujourd'hui?
Sylvie: C'est lundi.
Anne: Non, Sylvie. Ce n'est pas lundi.
              C'est mardi!
Sylvie: Demain, c'est mon anniversaire!

Vocabulaire

en classe — at school
jours — days
semaine — week
lundi — Monday
mardi — Tuesday
mercredi — Wednesday

jeudi — Thursday
vendredi — Friday
samedi — Saturday
dimanche — Sunday
demain — tomorrow
mon anniversaire — my birthday

Quel jour est-ce aujourd'hui?   **What Day Is It Today?**

Can you write the days of the week in French under the numbers given? The first one is done for you.

1. Monday		1.	2.	3.	4.	5.	6.	7.
		L	___	___	___	___	___	___
		U	___	___	___	___	___	___
2. Tuesday		N	___	___	___	___	___	___
		D	___	___	___	___	___	___
3. Wednesday		I	___	___	___	___	___	___
			___			___		___
4. Thursday			___			___		___
			___			___		___

5. Friday

6. Saturday

7. Sunday

Answer the questions.

Quel jour est-ce aujourd'hui? C'est _____.

Si c'est lundi aujourd'hui, demain c'est _____.

Si c'est jeudi aujourd'hui, demain c'est _____.

Si c'est dimanche demain, aujourd'hui c'est _____.

Sylvie: Qu'est-ce que c'est?
Anne: C'est un cadeau pour toi.
C'est ton anniversaire, n'est-ce pas?
Henri: Bon anniversaire! Sylvie.
Sylvie: Merci, Anne. Merci, Henri.
Anne: Quel âge as-tu?
Sylvie: J'ai dix ans.

Vocabulaire

un cadeau — a gift

pour toi — for you

n'est-ce pas? — isn't it?

ton anniversaire — your birthday

Bon anniversaire! — Happy Birthday!

Quel âge as-tu? — How old are you?

J'ai dix ans. — I'm 10 years old.

Qu'est-ce qu'ils disent?   **What Are They Saying?**

What do you think the people in the pictures are saying? Choose a sentence from the bottom of the page and write it on the line.

Il y a sept jours dans une semaine.	J'ai dix ans.
Bon anniversaire!	Aujourd'hui c'est mardi.

Révision

Fill in the empty bubbles with a response. Choose your answer from the list at the bottom of the page.

C'est jeudi.	Ouah! Ouah!	Oui, ça va.
C'est un cadeau pour Sylvie.		J'ai onze ans.

Chantons en français!   **Let's Sing in French!**

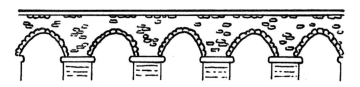

Sur le pont d'Avignon, L'on y danse, l'on y danse;
Sur le pont d'Avignon, L'on y danse tout en rond.

Les messieurs font comme ci,
Et puis encore comme ça.

Les belles dames font comme ci,
Et puis encore comme ça.

Les enfants font comme ci,
Et puis encore comme ça.

Les blanchisseuses font comme ci,
Et puis encore comme ça.

Les soldats font comme ci,
Et puis encore comme ça.

Qu'est-ce qu'ils portent?   ## What Are They Wearing?

Je porte
un chapeau.

Je porte
des bottes.

Je porte
une robe.

Je porte un pantalon
et une chemise.

Je porte
une cravate.

Je porte un manteau
et des gants.

Vocabulaire
je porte — I am wearing
un chapeau — a hat
des bottes — boots
une robe — a dress
un pantalon — trousers

une chemise — a shirt
une cravate — a tie
un manteau — a coat
des gants — gloves

Qu'est-ce qu'ils portent?   **What Are They Wearing?**

If the sentence describes the picture, circle **V** for **Vrai**. If the sentence does not describe the picture, circle **F** for **Faux**.

Sylvie porte une robe.   V   F

Anne porte un manteau.   V   F

Madame Richard porte
un chapeau.   V   F

Monsieur Richard porte
une cravate.   V   F

Henri porte un pantalon.   V   F   Paul porte des gants.   V   F

Quel temps fait-il?

Il fait chaud.
Il fait du soleil.

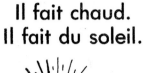

Il fait frais.
Il pleut.

Il fait beau.
Il fait du vent.

Il fait froid.
Il neige.

Vocabulaire

Il fait chaud. — It's hot.

Il fait du soleil. — It's sunny.

Il fait beau. — It's nice weather.

Il fait du vent. — It's windy.

Il fait froid. — It's cold.

Il neige. — It's snowing.

Il fait frais. — It's cool.

Il pleut. — It's raining.

Quel temps fait-il?   **What's the Weather Like?**

Describe the weather in each of the pictures. Write your answers on the lines.

_____   _____

_____   _____

_____   _____

_____   _____

_____   _____

Révision

Unscramble the French words. Use them to complete the sentences at the bottom of the page.

taif _____

atnuaem _____

uaeb _____

ttsobe _____

plteu _____

Il _____. Paul porte un chapeau.

Il fait froid. Je porte un _____.

Il neige. Madame Richard porte des _____.

Il fait _____. Monsieur Richard ne porte pas de chemise.

Il _____ frais. Je porte un pantalon.

Chantons en français!   **Let's Sing in French!**

L'ALOUETTE

Alouette, gentille alouette,
Alouette, je te plumerai.
Je te plumerai la tête,
Je te plumerai la tête,
Et la tête! Et la tête! Oh!

le bec

le cou

le dos

le pied

le nez

le coude

la bouche

la main

l'oreille

Voilà Sylvie et Paul avec leurs amis. Sylvie et Henri jouent avec Nestor. Paul et Anne jouent avec Félix. Nestor et Félix sont amusants. Les enfants sont amusants aussi.

Il fait frais. Il fait du vent. Henri porte un chapeau. Sylvie porte des gants. Anne porte des bottes. Paul porte un manteau.

C'est dimanche. C'est l'anniversaire de Paul. Il a onze ans. Henri a un cadeau pour Paul. C'est un livre! Un grand livre! Paul aime beaucoup le livre.

Lisons en français!   **Let's Read in French!**

Voilà les parents de Sylvie et Paul. Ils sont très sympathiques. Ils aiment leurs enfants. Madame Richard est grande. Elle porte une robe. Monsieur Richard est grand aussi. Il porte un pantalon et une chemise. Ils aiment jouer avec Nestor et Félix, n'est-ce pas?

j' ai — I have

j' ai . . . ans
    — I am . . . years old

elle aime beaucoup
      — she likes very much

j' aime beaucoup
    — I like very much

    as-tu . . ? do you have . . ?

des amis — friends
     amusant(e) (s) — funny

mon anniversaire — my birthday
     aujourd'hui — today
     aussi — too/also
     avec — with

des bananes — bananas
     blanc, blanche — white
     bleu(e) — blue
     bonjour — good morning
     Bon anniversaire!
     — Happy Birthday!

des bottes — boots
     Bravo! — Well done!

Ça va? — How are you?
Ça va (très) bien
    — I'm (very) well.
Ça va (très) mal.
    — I'm not (very) well.

un cadeau — a gift

un cahier — a notebook
    c'est — it is
    ce n'est pas — it isn't
    ce sont — these are
    ce ne sont pas
    — these are not

une chaise — a chair

un chapeau — a hat

un chat — a cat

une chemise — a shirt

le cheval — the horse

un chien — a dog
    cinq — five

une cravate — a tie

un crayon — a pencil

Vocabulaire

dans — in

de — of

demain — tomorrow

deux — two

dimanche — Sunday

dix — ten

douze — twelve

l' éléphant — the elephant

des enfants — children

elle est — she is

il est — he is

et — and

la famille Richard — the Richard family

faux — false

les fenêtres — the windows

des fraises — strawberries

français — French

le frère — the brother

des gants — gloves

un garçon — a boy

une gomme — an eraser

grand(e)(s) — large, tall

gris(e) — gray

huit — eight

il y a — there is, there are

Il fait beau. — It's nice weather.

Il fait chaud. — It's hot.

Il fait du soleil. — It's sunny.

Il fait du vent. — It's windy.

Il fait frais. — It's cool.

Il fait froid. — It's cold.

Il neige. — It's snowing.

Il pleut. — It's raining.

jaune — yellow

jeudi — Thursday

joli(e) — pretty

je joue — I play

jours — days

un livre — a book

lundi — Monday

la maison — the house

un manteau — a coat

je m'appelle — my name is

mardi — Tuesday

marron — brown

merci — thank you

mercredi — Wednesday

la mère — the mother

neuf — nine

je n'ai pas — I don't have

noir(e) — black

non — no

l' oiseau — the bird

des oranges — oranges

orange — orange

ou — or

oui — yes

un pantalon — trousers

les parents — the parents

le père — the father

des personnes — people

petit(e)(s) — small

le poisson — the fish

des poires — pears

des pommes — apples

je porte — I am wearing

la porte — the door

pour toi — for you

un professeur — a teacher

un pupitre — a school desk

quatre — four

une règle — a ruler

une robe — a dress

rouge — red

salut! — hi!

samedi — Saturday

il s'appelle — his name is

ils s'appellent
— their names are

une semaine — a week

sept — seven

six — six

la soeur — the sister

ils sont — they are

je suis — I am

un stylo — a pen

sympathique(s) — nice

un tableau — a blackboard

très — very

vendredi — Friday

vert(e) — green

voici — here is, here are

voilà — there is, there are

vrai — true